Jörg Neugebauer

Kühe spielen Minigolf

Jörg Neugebauer

Kühe spielen Minigolf

Gedichte

EDITION
Noack
Block

Umschlaggestaltung unter Verwendung einer Abbildung
von Michael Burrell © iStockphoto.com

ISBN 978-3-86813-142-0

Herstellung durch Frank & Timme GmbH,
Wittelsbacherstraße 27a, 10707 Berlin.
Gedruckt auf säurefreiem, alterungsbeständigem Papier.

www.noack-block.de

1 Mir geht es gut

Mir geht es gut

Mir geht es genauso wie Ihnen
ich weiß ja nicht wie's Ihnen geht
geht's Ihnen gut
dann will ich nicht klagen
Sie haben schon genug
mit sich selbst zu tun
mit dem Selbst hat man's
nicht leicht
ohne ginge es besser
zwar weiß man dann nie
wie's einem geht
doch das braucht man gar nicht zu wissen
Hauptsach' es geht und man hat nicht zu
klagen

Kühe spielen Minigolf

Hotel James Joyce
Triest, 22. September 2021

Oh wie ein Text
entsteht
man muss bloß
auf ihn hören
ich bitte um Geduld
ob älter oder jünger
auch die junge Geduld
will gelernt sein
die alte ist manchmal
schon tot

Kühe spielen Minigolf
ein fertiges Gedicht
oh nicht so schnell
fertig werden
es möchte sich erst
selber hören
sprich nicht dazwischen
zwinkere ihm
ein bisschen zu

nimm es
auf deinen Schoß
es springt dann
schon von selber
runter

Nebel neben der Scheune

Als ob Frühling wär'
Nebel der gegen das Fenster schlägt

Mit der Axt aber träumt
unterm Gebirge der Schnee

Ihn will ich greifen
innen fühlt er sich warm an

Ich weiß es gibt Bäume
die wachsen dem Himmel entgegen

Mignon revisited

Dahin, dahin
du altes Nebeltier
beschützt von deinen bläulichen Bergen
Felsen schimmern und Höhlen
sperren das Maul dir –
kennst du es wohl?

Im Innern
suchen die Fluten den Weg
dort wohnen noch Bilder
und Wolken
und marmorne Kinder drängen ins Grab

Laub aber glänzt
still und hoch
bis ans Fenster
deines Besuchszimmers
sag was hat man dir Liebes getan?

So seh ich dich jetzt
unter dem beinah erstiegenen Himmel
ein armer Wind
blüht über den Dächern
und jede Hand trägt eine
schlechte Zitrone

Eine schüchterne Rose

Der Zangenpeter
hat
eine schüchterne Rose

zu sich bestellt
sie kam
mit wiegendem Schritt

beinahe nichts
wog sie
und streichelte doch

die dornigen Hände
riechen die Anmut
im Davongehen noch

In Offenbach

Saßen wir beide am Bahnsteig
du kanntest mich nicht
und ich kannte dich nicht
ich sagte was
doch nicht um
dich kennenzulernen
du antwortetest auch
doch nicht um dich kennenlernen zu lassen
so lernten wir uns also nicht kennen
wir hätten's ja auch nicht gewollt

Seit ich in Berlin wohne

bin ich nicht mehr umgezogen

Früher wohnte ich in Heumaden
Heumaden war ein guter Aufenthalt

Ich stamme nicht von dort
es verschlug mich in diese schwäbische
Gegend

nach dem Abbruch
meiner Gesangslehrerausbildung

Heute singe
ich gar nicht mehr

Da
wo ich ursprünglich her bin

Schlesien
wird womöglich heut noch gesungen

Verlautbarungen

lassen wir besser
beiseite

es geht ja auch leise
oder ganz ohne

Lippenbewegung

außer
natürlich zum

Küssen

Wenn ich wütend bin

muss ich etwas essen

Ich bin oft wütend also
muss ich oft etwas essen

Früher musste ich etwas trinken
ich trank also recht viel

Damals war ich oft traurig
das Trinken half gegens Traurigsein

So wie das Traurigsein
wird auch die Wut einst verschwinden

Dann werd' ich mich freuen
Was ich dagegen tun soll

weiß ich noch nicht

Ich mal’ mir ein Gewürz

und nenne es den Abend
es mundet dann so pinselfein
dass alles Salz sich löst in Stunden
wenn der Schlaf mich übermalt
bis dass am Morgen
in den Blütenblättern
Tee
und ein Arom von Farbe
licht auf meine Zunge fällt

Anita Podgorny

Warum bin ich
eigentlich kein Schlagersänger
da hätt' ich leichtes Spiel
denk ich mir jedenfalls
so ein Schlagersänger hat ja nicht viel zu tun
ab und zu ein Autogramm
mehr wär' nicht zu schreiben
und abends auf die Bühne geh'n
und lächeln
das Schlagersingen kommt
dann von allein
eine Stimme braucht es kaum
die Leute klatschen ja schon wenn ich
reinkomm'
ich klatsche dann einfach mit

In der Schlagerhitparade
steh ich meist ziemlich weit oben
bloß Lene Müller ist immer noch vor mir
keine Ahnung was Lene Müller hat
dass sie immer vor mir ist
aber wahrscheinlich gibt es gar keine
Lene Müller als Schlagersängerin

ich glaub die stellt sich das auch bloß so vor
wie ich
ob sie wohl auch denkt
der Paul Apollo oder wie ich mich nenne
der ist immer hinter mir
und sich freut dass ich immer hinter ihr bin

Das würd' ich schon gern wissen
ansonsten ist mir Lene Müller egal
wahrscheinlich heißt sie auch ganz anders
Anita Podgorny vielleicht
und arbeitet in der Stadtbibliothek
bei der Bücherausleihe
so wie auch ich irgendwo arbeite
womöglich kennen wir uns
und ahnen gar nicht
dass wir beide Schlagerstars sind

Besseres gelingt gegen Abend

wenn der Lärm in der Stille versinkt

Ihr äußeres Sinnbild, der Mond,
zeigt sich auch, und so
sind die Sinne versöhnt

Es kommen die Schatten, die,
vormals hell,
sanft werden nun in der Stille

Dunkel ist nichts

und statuenhaft an den Göttern
Leicht sind sie,
heiter, erfüllt

Im Entschwinden erst
zeigen sie sich
Und im Schweigen

Was zwischen den
Göttern und Menschen ist
nennen wir Engel

Was in der Zeit war
und verging
bleibt in den Engeln geborgen

Man kann nicht viel sagen

Heute zumindest noch nicht
wie es morgen sein wird
wissen die Götter

Aber die sagen uns nichts
wir können nur
mit ihnen schweigen

Manchmal singen sie auch
wenn es ganz still ist
können wir sie sogar hören

Und leise mitsummen
sofern wir uns traun'

Gesang

Wie ein nächtlicher
Vogel
gleitet über die Erde
dies Leben

Oben
vom Schlafbaum aus
recken die Schatten
ihr blaues Gefieder

Mehr stumm als fest
ruh'n
am zitternden Boden
die Gräber

Wo die Heiligen sind

stehen die Toten
als Lebende da

sie bringen den Heiligen
Nebel

so sind sie besser zu sehen

Novemberlogik
entzündet die Kerzen

im Dunkel

wird niemand gezwungen
fröhlich zu sein

Leichter Tod

Über'n See
geht sich's leise

nur die kleinen
Zehen eingetaucht

am andern Ufer
drüben

ist dann erstmal
Pause

2 Erzähl mir von dir

Erzähl mir von dir

erzähl dir von mir
erzähl mir was du
nicht weißt von dir
ich erzähl dir
von dir und mir
ich weiß nichts von mir
du weißt nichts von dir
wir erzählen nur
von dir und mir

Schön mal wieder mit euch

Zwergen durch den Garten zu streifen
seit die Katze tot ist
bin ich nicht mehr hier draußen gewesen
ihr habt Wacht gehalten
unter den Rosen neben der Fichte
noch immer ist Winter
und doch zeigen eure Mützen
keine Spuren von Schnee
wir wollen kurz stehen bleiben
unter den Birnen
im Frühling die Blüten
im Herbst dann die Früchte
jetzt sind die Zweige noch kahl

Drei Rehe

Im Wald oder wo
und am Morgen
doch da ist noch was
ein Bild
von den Rehen
das hab ich
von dir
nicht als Foto
nicht als Objekt
mehr eine Brücke
ein Gemeinsames
das nur du
und ich kennen

Der Pfuhler Baggersee

Inspiriert durch The Lake Isle of Innisfree
von William Butler Yeats

Ich werde mich jetzt erheben und zum
Pfuhler Baggersee fahren,
dort aussteigen und durch das kleine
Wäldchen gehen,
bis ich den See vor mir sehe

Mich auf eine der Holzbänke vor der Hütte
setzen,
in der im Sommer Bier verkauft wird und
rote Bratwürste
Und ich werde auf den See schauen und an
den Sommer denken

und hoffen, dass niemand kommt um diese
Stille zu stören
Nicht einmal Kinder, obwohl Kinder mir noch
am liebsten wären
Dort werde ich sitzen bleiben und warten,

bis am Ende des Sees der Regenbogen
aufsteigt
Ich werde der Wölbung des Regenbogens
mit meinen Blicken folgen,
und wenn es Abend wird, wird er mir
leuchten im Dunkel

Ankunft

Ich stehe als Gast
auf der Karte

Mein Name
eingetragen von Hand

Man wünscht mir einen
angenehmen Aufenthalt

Dies nun schon maschinell

Der Wind schaukelt

Mir ist als geh' ich auf Zehenspitzen
durch Gänseschnattern

ein Ohr des Morgens
leicht abgeknickt

mir ist mir ist
wo die Schaukel

nur hinging

blattfüßig
fast unhörbar

Regen

Ich könnte jetzt schweigen

wäre die Stille mir hold
doch wer soll sie anstimmen
wenn es dunkel wird um die Geige
und alles Singen gefriert
im Nacken des möglichen Sängers

Der trägt ein Jackett mit Löchern aus Warten
und weil es kalt ist eine Mütze aus – – –
Sprechen wir von gefrorenen Tränen
wir
doch wer wir sind wissen wir auch nicht
wir tippen nur mal auf den einen mal auf
den andern
und wir gehen damit sie nicht stillsteht die
Zeit

Wannsee

Auf einem Hügel
wollen sie Kaffee trinken
diese Menschen sind toll
schon trägt man ihnen
Tisch und Stühle hinaus nach dem See
einen Steinwurf später
und einen Schuss
sieht man sie in
einem sehr unbeholfenen Zustand
indem sie nämlich erschossen daliegen
mit hart aneinander liegenden Händen
wie in den Betten aller Kaiserinnen der Welt

Wohin sie gehören das fragen sie sich

Wenn Montag ist
hören sie nichts voneinander
Es wird auch zu laut

Mein Bett in deinem Ohr
Sie spielen Verschwinden,
zeigen einander den Weg hinunter zum Fluss

Sonst gingen wir ihn allein
Jetzt sind hohe
Segel dort

und im Herbst landen Kastanien
Woher all das kommt weiß aber niemand

Am Himmel

Was schiebt sich da hin und her
das sind Wolken schreit einer
der wie der Wind aussieht
ich sorge hier oben gern für Bewegung

Er lacht und der Himmel
lässt sich unter die Arme greifen
leicht amüsiert über
die unbeholfenen Bewegungen des Windes

Eigentlich müde

wache ich auf
nein bleibe wach
träume
nach eigenem Plan
endlich die angefangenen
Dinge zu Ende
mein ganzes Leben
wird rund im Traum
erwachend
finde ich mich
nicht wieder
mein Kopfkissen
leer
wie das Zimmer

Ich bin nun doch **mächtig geschrumpft**

Geschrumpft zwar aber doch mächtig
Immer wollte ich mächtig sein
jetzt bin ich's wenn auch geschrumpft
Am besten ich seh' übers Geschrumpftsein
hinweg
Was macht das schon –
ein bisschen geschrumpft
Nein mächtig – nicht bloß ein bisschen!
Oh endlich mächtig – wenn auch
geschrumpft
Ich sollte das Geschrumpftsein nicht so als
Einbuße sehen
Immerhin wurde ich dadurch erst mächtig

Alles ist klar

Wie das Wasser
wenn es noch Wasser wäre
und über dem Wasser
ein Himmel
sorgenlos wie das Boot
in dem Menschen
tief unten und innendrin
einander vom Wasser erzählen

Gestern die letzten

Blätter vom Herbst
in die Tonne gegeben
jetzt ist es heller
eine Art Sonne
dunkelt die Erde
aus der kleine Blumen
Schattenbilder der Worte
dem Garten neue Verse schenken

Abend

Noch glänzt was blau ist als Sonne
trägt helles Rot hin zu den Bergen
dort hat die Schwärze sich übertagt
bis die Stille heraufkommt fern aus den Tälern

Die Flüsse wohnen auch neben den Häusern
nah sind Auen und Wälder
endlich im Grün behagt sich das Auge
das nicht weiter will als bis morgen

Ziehharmonika

an die ich denk'
weiß nicht weshalb
auch hör' ich sie nicht spielen
ich denke bloß an sie
so bildlich ohne Hände
links und rechts und ohne
Schoß auf dem sie ruht
es ist so gar nichts
dran an ihr und trotzdem
denk' ich Ziehharmonika
das Wort fünf Silben
I und zweimal A und O
und nochmal I das macht
mich heiter Ziehharmonika
an die ich denk'
weiß nicht weshalb
jetzt hör' ich sie schon spielen

Dudelsack

Hör
wie er pfeift
sieh
die schöne
Dudelsackbläserin
sieh ihre Finger
wie sie
das Unterteil
greifen

Sieh
die Windkapsel
hör
die Stimmzunge
wie sie schwingt
sieh
ihr fremdes
Gesicht
an der Pfeife

Im Maskenzimmer

kehrst du den Dreck zusammen
der von den Masken fällt
Sie lösen sich langsam auf
Oder sind es die Wände dahinter
Oder bist du es
von dem es bröckelt und tropft
Ständig liegt was vor deinen Füßen
Je länger du kehrst
desto mehr kehrst du dich auf
Zurück bleiben die Masken

Ich stell' meinen Kopf nach der Uhr

das ist manchmal schwierig
zumal wenn sie nachgeht

auch mit den zwei Zeigern
komm' ich nicht so ganz klar

ein leeres Zifferblatt
wär' mir fast am liebsten

da könnte mein Kopf
sich austoben

und es wär' immer
so spät wie ich will

Was an der Wand hängt

Das soll da hängen bleiben
allerhand Bilder und so
Man sieht nur ihre Vorderseite
nicht was hinten drauf ist
Wahrscheinlich gar nichts

Was aber wenn die Rückseite
nicht leer ist
Wenn da was ganz anderes
drauf ist als vorne

Und jeder der draufschaut
denkt
Das ist alles

Kleiner Raum

Wir sind zu dritt
und kommen ganz leidlich
aus miteinander

Wir können unsere Köpfe nicht sehen
es genügen uns
unsere sportlichen Leiber

Wir küssen einander
doch das ist schwierig
aus obigem Grunde

Wir leihen uns're Ohren
dem Schlaf und
tanzen

alle auf einem Bein

Götter-Fußball

Zeus, dem Mittelfeldmotor,
zwickt der Oberschenkel – mitten im Spiel
Trainer, es geht nicht mehr –
Schon hebt er den Arm zum Zeichen der
Auswechslung

Auf der Bank aber bleiben sie untätig –
als Sagenkundige wissen sie gut, was dieses
Zwicken bedeutet
– dass nämlich gleich Dionysos auflaufen wird
lachend und zur Verstörung des Gegners

Ich bin natürlich
der Enkel

Obwohl ich schon
groß bin, das

spielt keine Rolle
bei Enkeln

Aber auch in diese Rolle
musste ich erst hineinwachsen

3 Gegen die Nacht

Wie mild dieser Herbstmorgen ist!

Man möchte auf seinen Händen laufen
den morgenhändigen Herbstbewegern
He, gut zu Fuß?
Ja, in meinen Schuhen aus Luft
die Hände frei fürs Himmelsgeländer
Und wie auf Wolken ich gehe, so leicht!
Du mit mir? Doch wer bist du dass wir uns kennen?
Ah du kommst auch aus dem Herbst
Aus den Wolken mit eigenen Händen
An denen fassen wir uns
ja, wir halten einander
solange der Morgen uns träumt

Paris

Lass uns ins Café Anglais gehen
und die ganze Nacht reden
über Kunst und Gefühle

Zwar hat das Café
seit über hundert Jahren geschlossen
doch wir sind da

Morgens um sechs dann
auf der Place de la Concorde
betrachten wir den Sonnenaufgang

Jumpin' Jack Flash

Von oben runter
hüpft er

mit einem Hut der
gleich wegfliegt

Kaum dass er da war
ist er wieder weg

was von ihm bleibt
ist ein Rhythmus

Anlegestelle am Wasser

Hier ist es still
wo niemand mehr wohnt
doch man könnte
aus dem Boot steigen

Der Kriegerin ins Auge sehen
und in die verlassenen Säle
wo sie Achill versteckt hält
der trinkt zwei Liter Ziegenmilch täglich

Wo sind wir hier wann
das Wasser schweigt um uns her
wir legen an und wieder ab
wer sitzt am Ruder

Sommernachmittag, spät

unter den Bäumen
wird's eng
für das Licht
noch hat es Blätter
und Blitze
die Wasser täuschen mit ihrer Helle
über dem Horchen
vergessen sie alle die Zeit
und es wird Traum
der tickt ohne Zähler
das ist mir aber egal der
ich ruhe
bodenlos über gebrochenen Zweigen

Sie gingen stumm, sie blieben

Andere nahmen ihre Plätze ein
Sie hatten sich verspätet, gut, sie sagten
Nacht und schlugen
dunkler auf den Schnee
Sie blieben alles schuldig, verzahnt in
ihr Geschick
Ihnen traute keiner all das zu,
ihnen am wenigsten
Sie sprachen zu niemand, legten ihre Lippen
zueinander, als
gehörten sie seit jeher dorthin
Es gab nicht
einen Aufstand gegen sie,
weil keiner um sie wusste
Man hätte sie
vergessen, doch sie blieben
Als gehörten sie dorthin

Am Wasser

In der Abendmilde
gehn' wir auf den Blättern
der Bäume spazieren

wir sind nicht ohne und
deshalb so leicht

der Wortschatz der Ente genügt uns
wir tauchen

Rinde
der kleinen Sonne entgegen

Gegen die Nacht

stemmt sich der Tag
mit seinem Licht
das aus tiefen Taschen quillt
die einer ihm umgehängt hat
als er am Bahnsteig stand
auf den Nachtzug wartend

Seelisch

auch hier
bin ich seelisch
überhaupt da
gib mir seelisch
zu verstehen was
du körperlich meinst
körperlich und nicht
seelisch ist dasein
so schwer oder
anders herum

Vor dem Holzweg

ein großer Geröhr
bläst sich auf
unter Tage
zur Trage wird
ihm sein Wieselwesen
welches erst spät
er entdeckt

und eckt
damit an
bei den Langsamen
die ihn fragen
wohin denn so
eilig
als wüssten sie
nicht dass er nicht
anders kann

ach aber beten sie
dir nach dem Munde
oder strauchelst du schon
wenn der Schellenbaum wankt

ich ja du nein
so sind die Brote
verteilt

weißgekleidete Boten
weist man nicht ab
aber du bist
nicht mal zuhause

Le tambour rythme ma vie
Joséphine Bacon, Toundra

In ihrer Sprache

gibt es das Wort nicht
weil ihr Leben selbst
POESIE
ist
Schweigen gibt es
und einfache Worte
die nichts Besonderes bezeichnen

Wasser
Schnee
Weite
zum Raum hin
geöffnet
ein Gott wacht
über das Feuer
das Land ist unendlich
die See
doch wie
den Horizont erreichen

der Traum
sagt es mir
der Fischegott
weiß
wo die verlorenen Sterne
warten
die Ahnen
mitten im Nichts
wachst du auf
kannst ihre Gegenwart spüren

in den Köpfen der Fische
sind hundert Geschichten
im Zelt
ist die Nacht
was denken sie
wovon sie singen
vom Anfang der Welt
horchen sie auf ihr Schweigen

Waterloo Sunset

As long as they gaze
on Waterloo sunset
they are in paradise
Ray Davies

Sooft ich aus dem Fenster schaue
seh' ich die Welt
aber ich hab' keine Angst
solange es Abend ist
erst wenn es Morgen wird
und ich sitze immer noch da
werde ich langsam unruhig
wo ist die Nacht geblieben
wo wird der Tag hingehen

Mit seiner Spielzeugstimme
singt unten der Clown
die Hausbewohner tranken schon
mehrfach auf seinen Tod
doch er ist noch immer am Leben
und singt sein Lied von der einsamen Insel
das tut er seit seine Geliebte fortging
eine Seiltänzerin die wog
bloß ein Drittel von ihm

Nun füllt sein Gewicht alleine das Zimmer
und seine Spielzeugstimme das Haus
hier arbeiten alle sehr hart
vom Aufstehen bis Sonnenuntergang
danach tut jeder was ihm gefällt
in einem der oberen Stockwerke steht ein
Piano
ein altes Requisit aus 'nem Hollywoodfilm
manchmal spielt es von selbst
sagen die Leute von oben

Das Haus steht am Fluss da soll es auch
bleiben
ein paar Modenarren flitzen dann und wann
hin und her
ungerührt fließt das Wasser in seinem Bett
keinen Blick hat es für diese hellgekleideten
Dandys
immer müssen die Party machen
statt ruhig auf einem Sofa zu sitzen
aber ein Radio hab' ich natürlich wie alle
das drehe ich jeden Tag irgendwann an
und höre das Lied von Waterloo Sunset

Sommerabend in Helsingör

Lange musstet ihr suchen
bis ihr es fandet
das nördliche Meer

Es war Abend
und ihr wolltet schon aufgeben
dann war es da

Eure Nacht war einsam
unter dem Himmel
an dem verlassenen Strand

Nochmals

hinaus in den Regen
unter die Blätter
die tropfen vom Tag
in den Abend hinein

Der dunkel jetzt kommt
hinter Wolken
groß in seinen Händen
das Schweigen

Zu der Stille kommt

die Angst
davor
dass sie bleibt
die Stille

oder dass
am Ende
nichts mehr fühlbar ist

ob sie es ist
die da ist

oder was
sonst

Die Marquise lässt bitten

Oder ist es bloß
die Maitresse?

Schon ist der Bettvorhang offen
königskronenbestickt

Der Monarch nimmt seine Champagnerstunde

Räuberblut

Räuber rauben gern wie Raben aber wilder
und sie haben dann die Beute und
sie fragen alle Leute: Brauchst du was?
Die schütteln fad die Köpfe meist doch
manche
greifen zu sich an dem Raub zu laben
Den tragen jeder sie in seinen Wald
und werden selber Räuber und sie fahren
hoch zu Ross zur Beute hin die sie begrüßt
denn Beute sein ist schön
wer liegt schon gerne ungenutzt herum
Nun aber he nehmt mich als Beute mit
und es greifen Räuber zu
sich mit den schönen Dingen zu versehen
Das verstehen jene nicht die keines haben:
Räuberblut

Schneeparabel

Hier im Schnee
ist das Fortkommen
schwierig

meist sinken wir
ein bis zu den
Knien

drum meiden wir
jede Bewegung

aber immer geht das
so auch nicht

Auf dünnem Eis

zeichnen wir uns're Figuren

rette
wer kann
wenn es birst

zumindest
die Bilder

Reich mir das Salz

oder
Danke für die Butter

Solche Sätze
prägen sich ein

Soviel man auch versucht
anderes zu denken

Zum Schluss
bist du wieder

bei Butter und Salz

Nicht alles

ist Sprache
Beeren zum Beispiel
sprechen recht wenig

Nur wo viel Schweigen ist
darf man
ein bisschen reden

schwarz gegen weiß

weiß gegen schwarz
weiß gegen weiß
schwarz gegen schwarz
das schwarz kehrt sich um
und wird weiß
das weiß kehrt sich um
und wird schwarz
das schwarz kehrt sich um
und bleibt schwarz
das weiß kehrt sich um
und bleibt weiß

das schwarz sagt sich los
von dem weiß
das weiß sagt sich los
von dem schwarz
das weiß sagt sich los
von dem weiß
das schwarz sagt sich los
von dem schwarz
das weiß weiß sich
endlich als weiß
das schwarz weiß sich
endlich als schwarz

das schwarz weiß sich
endlich als weiß
das weiß weiß sich
endlich als schwarz

Am Abend fallen kleine Laute

von den Bögen die die Welt begrenzen
auf das Innere der Seelen

Und es klingt dort wie von
leichten Tagen wieder
die doch jetzt im Schlafe ruhn'

So muss alles sich ins andere sehnen
und es bleibt nichts nur bei sich im Frieden

Nächtliche Überraschung

In deinem Brunnen
fand ich die Katze

Sie leuchtet mir
von tief unten herauf

Ein erstes Gedicht

ein letztes
dazwischen viele
halbe Verse
Hebungen Senkungen
Auslassungszeichen

einzelne Wörter
von ganz früh
kommen spät wieder
manches, ungewollt
reimt sich

Inhalt

1 Mir geht es gut

2 Erzähl mir von dir

3 Gegen die Nacht

FSC
www.fsc.org
MIX
Papier | Fördert
gute Waldnutzung
FSC® C083411

Zeitfracht Medien GmbH
Ferdinand-Jühlke-Straße 7
99095 Erfurt, Deutschland
produktsicherheit@kolibri360.de

Druck:
CPI Druckdienstleistungen GmbH
im Auftrag der
Zeitfracht Medien GmbH
Ein Unternehmen der Zeitfracht - Gruppe
Ferdinand-Jühlke-Str. 7
99095 Erfurt